EVA HALUS

FRAGMENTE
FRAGMENTS

Poeme - *Poèmes*
2000-2012

Fragmente

Poeme 2000-2012

Fragments

Poèmes 2000-2012

Autor: Eva Halus
Ilustrații: Eva Halus
Coperta principală: «Casa binecu-
vântată», pictură pe sticlă de
Eva Halus
Ediție îngrijită de Ruxandra Vidu

Auteur: Eva Halus
Illustrations: Eva Halus
Page couverture: «La Maison Bénis-
sée», peinture sur verre par
Eva Halus
Édition établie par Ruxandra Vidu

Fragmente/Fragments, Ediția a II-a.
COPYRIGHT 2012 © REFLECTION PUBLISHING

Reflection Publishing
P.O. Box 2182
Citrus Heights, California 95611-2182
email: info@reflectionbooks.com

www.reflectionbooks.com

ISBN: 978-1-936629-16-9

Tipărit in S.U.A.

«Lord Bless our Week. Give us peace, love and harmony in our hearts.»

«Dumnezeule, binecuvântează-ne săptămâna. Dă-ne pace, dragoste și armonie în sufletele noastre.»

«Dieu bénissez notre semaine. Apportez-nous la paix, l'amour et l'harmonie dans nos cœurs.»

PAOLO COELHO

Cuvântul autoarei

Am început cu acest citat din Paolo Coelho, autorul meu preferat, pentru că de pe la mijlocul anilor 90, acest autor mă întovărășește în drumul meu în viață. Am avut una din cărțile sale în mână în cele câteva perioade dificile, perioade marcând schimbări majore, cât și în momentele cele mai tandre. Un om care crede în Dumnezeu și care crede și descifrează semnele care le întâmpină destinul nostru, care ne fac să «citim printre rânduri» misterul vieții. Un om ca toți oamenii, poate, dar și un suflet geamăn, care m-a călăuzit fără ca el să știe.

Acesta este un exemplu de valoare pe care o carte o poate avea.

Deschizând volumul «Fragmente», doresc acest lucru și cititorilor mei: meditațiile să-i comforteze. Să poată visa și apoi, închizând cartea, să găsească în labirintul vieții și adevăruri, fragmente din aceste poezii.

«Fragmente» este o culegere de poezii, recoltate din caietele mele de notițe din perioada 2000-2012. Ea pune întrebări și aduce răspunsuri vieții mele. Cred că a vedea realitatea prin «binoclul» artei, este de fapt o încercare de a reda trăirile, purificându-le de trepidațiile și uneori confuzia cotidianului, redându-le cititorului sub forma lor adevărată. Nu pun viața pe un piedestal, viața fiecăruia este cu adevărat cuprinsă de inefabilul poeziei, de surpriza unei imagini, trebuie numai să recunoașteți materia ei adevărată care o apropie de grație, în persoana dumneavoastră, în ceilalți și în jurul vostru.

« Fragments » est une collection de poèmes et d'illustrations qui posent des questions et apportent des réponses à ma vie. Je crois qu'à voir la vie à travers le binoculaire de l'art est, en fait, une tentave de réécrire les moments de la vie en les purifiant des trépidations et, parfois, des confusions de la vie quotidienne, en les redonnant aux lecteurs sous leur vraie forme. Je ne mets pas la vie sur un piédestal ; la vie est vraiment pleine de poésie et d'images qui surprennent. Vous devez juste reconnaitre sa vraie nature qui s'approche de la Grâce de Dieu. Vous devez rechercher cette Grâce auteur de vous, dans les autres, et en vous-même.

Eva Halus, iunie/*juin* 2012

ANOTIMPURI

Comemorând un dud

Era un copac leneș -

- nu se mișca de-acolo în nici un anotimp.

Însă ce larve se cocoțau pe lemnul lui!

Și ce fluturi mâncau din dudele lui!

Și ce dude mustoase avea

Și albe și crețe

Și ce furnici se-ncumetau

Să-l asalte, să-l înțese!

Era scund și plin de noduri

Cu ramurile-n roduri,

Ușor de abordat la cățărat -

- copiii în nădragi sau fără

Veneau la culegat.

Bătrânul dud avea şi-un lemn

Numai bun de desenat -

- Leonardo l-ar fi invidiat,

Încrengăturile şi scorburile lui

Îl ridicau la rang de

Pom Vechi Biblic

Sau chiar şi Vedic

Cum servea

Lângă biserica din Tei

Lângă toţi sfinţii şi străbunii mei...

Baladă timpurie

Și dacă vine primăvara

Cu cârduri de ghiocei

Și fapte albe

Nu uita să-mpletești

Din raza soarelui

O pâine mare

Cum numai tu știi,

Atât de departe

De marea de oameni

Ce nu mai au timp

Cum nimeni nu te mai așteaptă

Cum nimeni nu-ți mai dă întâlnire

Și tu încă speri și crezi

Că aici ar fii un loc de întâlnire.

Nu uita să-mpletești

Codiță umbrită de seară

La luna timpurie

Pe plaur.

Câteva stele cădea-vor

În căușul din palmă

Printre lacrimile ce-anină

Primii ghiocei și-un graur.

Astfel, tremurătoare,

Imaginea primei zile de primăvară

Se șterse

Asaltată deja de căldura

De mase comesate pe-asfaltul

Asaltat de atâta lume

De atâtea urme...

Grație de primăvară

Trei garofițe,

Aliniate sub formă de Salut

Grațioase stau

Una, două, trei

Într-un vas de lut.

Ce-a mică, mai în spate

Scoate capul ca o emoție de primăvară.

Cea mijlocie este primăvara iară

Cea mare e deja ziua de vară.

Unu, doi, trei

O baghetă de iei

Le faci să apară

Mâine neschimbate iară.

Zeița primăverii de acum

Izvorâtă din infinitul unei ierni

De pe această planetă

Coborând din steaua îndepărtată a unui fulg

Până vă apare în față, chipeșă și mare,

Primăvara vine deghizată în zeiță.

O cască de astronaut, ruptă în cădere

Îi stă pe cap și din ea dezvăluie

Podoabe vechi faraonice

Și din partea stângă

Din impact se scurge-afară

Iarba cu steluțe palide

De flori dantelate, albe.

Mai departe, chiar de sînt poteci

Nu mai pleacă, ci va sta aici,

Asaltată de păsări și fluturi

Și din ea se vor revărsa

Numai flori înmiresmate și nenumărați prunci

Cu aripi de albine bătând aerul proaspăt

În lung și-n lat, până când până-n zare

Poienile vor înverzi și ne vom îmbăta de soare.

Vară indiană

Toamna trece

Cu un surâs de caldă plajă

Ce cade peste frunze

Peste frunțile noastre

Prin frunzișuri ce n-au vrut să deie

Nici o palmă

Scuturându-se prin preajmă.

O canoe întoarsă cu burta în jos

Albastrul revărsându-l,

Cerul este cuprins

În mâinile lui Dumnezeu prins,

Iar soarele, cald ca o portocală

Se rostogolește plin de vrajă

Pe deasupra pădurilor

În văzul sălbăticiunilor

Mâinile strâns la piept le ține

Soarele sufletului

În împărăția luminii.

Trec clipele acestea

De caldă magie

Ca să ne rămână în amintire,

Ca să rămânem în amintirea lui

Foc rupt din focul lui.

14

Rugă de frunze

Pierdut într-o clipă

Extazul unor momente de-o vreme

Când acest timp cerne

Frunzele uscate prin închipuite poiene.

Foşneşte uscat chiar şi visul

Printre gene strecoară fantastice deşertăciuni

Din scrumul din drum.

De cum am fost, de cum erai

Alege un alt viitor

În care ne vom îmbrăca goliciune de-acum...

...Care nu este decât un fapt divers

Al acestei toamne aşternute în drum.

Haloween

Frunze de toamnă

Ridicate-n vârtejuri

Pe la colțul de stradă...

Calc ca pe fundația

Unui vechi castel

În poezia aceasta de culori

Și zarea se-îneacă într-un asfințit.

Se-aud pașii mărunți

În liniștea de-odată înaltă

Cum calcă în cetatea unor împărați

Demult asfințiți.

Copiii-copii de Curte,

Râd și colindă;

Sfetnicii dovleci

Luminează calea lumilor

Pământești și nepământești.

Norii aleargă pe cer

Cu viteza fulgerului;

Pe aici trece Marele Spirit

A tot ce este, a fost și va fii!

Toamnă târzie

Noaptea cuprinde repede

Sufletele, le-mbrățișează

Cu reci ramuri trosnind,

Cerul departe, aproape

Se-ntinde amorțind

Reflexul normal

Al mușchiului.

Nimeni nu vrea să fie amar

Ci cu orice preț

Gluma se-trece pe băț.

Doar iubirea s-a ascuns

Într-o frunză de pelin

Și respiră

Focuri de purpură

Ce bat în piepturile tari

Ale zeilor ce s-au ascuns în nori

Ale zeilor ce se vor arăta

Doar în liniștea

Primei zăpezi.

Și nu se vor arăta

Decât atunci când

Nimeni nu va mai calcula

Aproximativ zările

Ce se deschid roz

Cu tâmple în nori:

Pajiști liniștite

În care se-aud doar pașii

Ce știu să dansul timpului.

Grădina de iarnă

În grădina mea de iarnă

Visele de flori din vară

Stau culcate sub zăpadă.

Nici-o-albină nu scrutează

Pătura de nea uşoară

În tăcerea care ninge

Şi se-aştern tăceri de-o palmă.

În lumina liniştită

Dorm dorinţele din vară

Ar vrea poate să se nască

Un miros de scorţişoară.

Dorm sub straiul alb de iarnă

Toate visele din vară.

MEDITATIE

Momentul

Părem a surprinde adevăruri de-o clipă

Ale stării materiei ce-acum se înfiripă

Pentru azi, pentru mâine,

Ce-apoi clipa cu aripi de înger

C-un alt design ne va surprinde.

Sântem sculptură vie-n timp

Sprinţar, accelerat sau doar molatec

Pe secundar privirile întind

Chemările fuiorului de trebi cotidiene

Chemând la sine noi dileme.

Pe aripa sa timpul ne saltă încordat

Sub aripă ne ţine când saltul s-a curmat

Şi din splendoarea vieţii sau din amarul ei

Sculptează gânduri-ne, paşii,

Un piept ridicat în slăvi ferice

O geană ce lacrima coboară

...Un pas voios ce va sprinta spre mare

O mână agale coborând pe-un umăr.

Și cum se-nfiripează timpul

Așa ne-nfiripăm și noi...

Dar iarăși bate din aripă un înger

Lăsând în urmă sub tăcere totul

Ca la-nceputul lumii...

Și doar cuvântul ca-ntr-această poezie

Mișcă materia cu spiritul dintâi.

Realitatea întrece Imaginația

La ce am visat

Când aveam un spațiu de visat?...

Simt că nu se mai poate adăuga nimic

Realitatea împinge roțile toate

Într-un ritm care le cuprinde pe toate.

Realitatea s-a desprins de vis

Și ochiul de tigru este închis.

Dar îmi dai libertatea

De-a alege din toate

Când eu n-aș fi vrut decât

Să aleg grâul din năut...

Cu tine vorbeam, fratele meu

Și într-adevăr spuneam tot ce simțeam!

Acum te apucăm de o tortă cu toții

Orbecăind, fiecare după partea mai mare

Și Zeul, Dumnezeul meu nu mai are curajul

Să-mi zâmbească în față

Ci decât o data pentru toți muritorii

Așa cum stăm egali în fața lui,

Frații, surorile

Și cum nimeni nu mai știe mai mult

Cum te cheamă, lacrimă din geană...

Din serenitatea pietrelor

Opal

O lisă piatră de opal

Ce luminezi lumina strävezie-n tine

Mergând pe-un drum ghiceam

Că tu... și eu fac numai bine!

Quartz

O inima de quartz

Bätând în ceas un ritm tic-tac

Încrustare, rocă, aglomerare,

Văd ca și tine ora oare?

Turcoise

Turcoise din cer, topit în rocă dură

Un ochi de albăstrele

De dale Pheniciene

Te prețuiesc în oglindirea ființei mele naturale

Așa cum tu încânți și calmezi stress-ul

Așa și eu, în ochii mei

Îți păstrez înțelesul.

Meditație

Lumina, bulgăre de aur,

Se topește în frunzișul de topaz

În frunze înstelate cum numai

Vedem în foaia de arțar.

Prin bolta verde

Se prinde-o rândunică

Apoi, într-o clipită

În jocul ei de-aripă

Se mistuie în cer.

Și soarele apune, lumina se-ngustează

O dungă lung vibrează

Și astrul adormit-a într-un nor

Iar rândunica-n cuib se-așează.

Și peste cer brăzdează din aripă gândită

Un avion. Spre noaptea înstelată

Zboară cu visele deodată

Ce firea le așterne pe pământ.

Îngândurată noaptea în brațe ne cuprinde

Și-n liniște se-aud cântând în trifoi

Toți greierii deodată. Vin ploi.

Arțarul nostru tremură în lună

Și rândunica-n somn adună

Puteri pentru o nouă zi

Ce din rotire planetară

Se va ivi în zori de mâine.

Și-aceasta este singura rugăciune

Care-o știu. În ritmurile vieții

În armonia creată de Dumnezeu

Pe-acest pământ pe care-aș vrea să știu

Că numai prin suflul nostru viu

Trăim și ne rugăm și drămuim

Ce Bunul ne-a încredințat

Bogăția în loc de loc pustiu.

Antique special

Nu te apropia de faleza rece

a amintirilor- un scaun era

un căţel pe patru labe,

antic, nefioros, care păzea

CONŞTIINŢA.

Cristal albastru

Cristal albastru, joc de ape

Ţi-l încredinţez ţie copile

Să porţi la sân o amintire,

Un loc şi-un timp în care

Eram în vacanţă la mare.

Pe mal valurile se plimbau

Şi răscoleau scoici şi arici de mare

Zâmbetul tău era ca roata de soare

Și lumea toată râdea

Din te miri ce, ce zile, ce ani, ce sărbătoare.

Pescărușii treceau în zbor după mâncare

În depărtare se vedeau bărci cu motoare,

Ce limpede se auzeau

Țipetele lor printre sirene de vapoare.

Dar ai plecat copile din vremea ce valsa

În jurul tău și-ți dădea aripi și scântei de soare

(Pe negândite, pe degete timpul te lua

Și te purta în zile de-augustă desfătare).

Iar cristalul de ape, tot sărat

Ce de-acolo l-am luat,

Botezat pe mal

În aste ceasuri, zile, ani

Cât zeul cerului senin

Te lumina pe tine plin,

Poartă-l și poate-o scânteiere-albastră

Te-o veghea celestă

Aminte să-ți aduci

De vremurile de-atunci.

31

Bouddha

În oglinda fermecată

Timpul, Cronos, Dumnezeul ce poartă

Pe-ale sale aripi toate secundele laolaltă

Arăta o poartă, o oglindă-poartă

Către suflet:

Mă priveam și vedeam

Că dragostea este o respirație a ființei

Iubită de Timp -

- Timpul și-a aplecat o aripă

Cu toate secundele

Și în zbor m-a luat.

Cocostârcul

Am visat de mult, odată,

O pasăre mare, albă, fără nume

Ce mă făcea să aleg

Între nemișcare și zbor.

Eu nu puteam să-i răspund

Și atunci am luat o pană

Și am pictat pasărea

Nemișcată-ntr-un picior,

Într-un peisaj nemișcător,

Cu o cascadă nemișcată

Și cu un pin în care

Nu se auzea vântul.

Însă tot pictând

Învârteam pana și din zborul ei

Se lăsau urmele una câte una pe hârtie,

Zborul colorat dintr-o pană

Cât o mie de păsări zburând.

Gândul se ivea în ochii ușor deschiși,

Mâna aluneca pe hârtie

Pictura se năștea din imaginația zburătoare.

Așa am găsit răspunsul la

Zbor și nemișcare.

Peisaj japonez

Vibrează o vâslă

Lovind monoton apa

La ponton

Și sunetul dus de vânt

Se aude egal în tot acest peisaj

În care

Fiecare sunet se aude egal

În acest peisaj.

Atâta liniște este

Încât clopoțelul de la intrare

Se aude pe stâncă, pe mare

Și aleargă rotit pe vale.

Fiecare piatră clintită

De o broscuță sau cioară

Aleargă cu sunetul repede

Dând ocol acestui peisaj

Din zare în zare.

Am semnat acest peisaj

Și sunetul peniței s-a auzit

Din zare în zare.

Cascade

Nu mă gândeam că suspin

Însă suspinam în ape de-o albastră iarnă.

Nu era nimeni pe-aproape

Doar ape molatec alunecând

Şi ramuri cu frunze închegate în vânt.

Respiraţia mea se auzea în cascade

Şi susurul apelor - nu mă gândeam că eu plâng,

Înăuntrul meu era apa curgătoare

Dar eu stăteam pe mal, în gând.

Holograma viselor

Visul vine lin

Colorând halouri întâi

- Chemările unui far -

Şi concentric se rostogolesc

Mai lin, mai plin,

Până când devin un diamant.

În rotirea sa

Faţetele rostogolesc viziuni

Iar ochiul se concentrează

Pe formele ce vin

Le încetineşte, le cercetează

Şi ca un tot plutesc lin

Visele, ochii închişi,

În somnul ce biruie

Când întunericul peste tine se năruie.

Vis

Deziluziile, cu cămăși lungi,

Albe și murdare,

Aleargă, se înlănțuie și se tăvălesc

Într-un vechi palat

Cu colonade dorice

Pe podeaua în desenul căreia

Se ivesc uneori culorile tandre

A ce nu au putut înălța

Drept și solemn în zbor definitiv

Spre a împlini idealuri.

Idealurile mele orfane!

Despletite împărătese,

Copile în zdrențe, în derivă,

Dansând pe podeaua care

Sclipește în aur...

Apoi, cu miros de lăcrămioare la subsoară,

Diminețile vin ca odinioară,

Liniștite, însorite, fără teamă.

Respirație

Era odată un tei

Și-n mirosul florilor

Cămașa albă strălucea în întuneric,

Pe aproape luceafărul se-aprindea

Și numai tăcerea știa

Dragostea,

Dragostea înaripa clipele

Și clipele-și întindeau aripile

Până la stea.

Era altădată pe alt drum

O lună mândră,

Era grația lui

Ce răspândea lumini în undă.

Și steaua-n colțul drept lucea

Cu tremur de lumină udă.

Era Luceafărul cel dintâi

Întotdeauna la căpătâi.

Pe drumul nostru în viață

El e un far ce strânge drumul de raze

Iar pașii noștri îi îndreaptă

În împărăția luminii

Ce străbate în nemărgire

Drumul în noapte.

Atât de tihnit în cer veghea

Luceafărul viselor noastre!

Așa cum îl priveam și ne arăta drumul

Spre inima cea de copil

Ce ca să trăiască

Uita ce nu e util.

Atât de tihnit în cer veghează

Luceafărul viselor noastre!

Peste-ale dragostei creste

Stele se-adună.

Pământul Făgăduinței

Mă apropii de orizont

Şi acolo, între coline şi cer

Este Pământul Făgăduinţei.

Apare-n faţă o buclă de pămînt înverzit

Şi mai sus, o aripă înverzită

Şi mai sus, un cap de pasăre.

Pământul acesta este pasărea care zboară

În visul meu şi mai departe între alte galaxii,

Din penele ei cresc trandafirii

Din trilurile ei se nasc copiii.

Între coline şi cer

Fluierând pe... nici-o potecă

Trec într-o poveste

Care astăzi parcă n-ar fi, dar ea este.

PORTRETE

Portretul meu din "Ninety-nine"

Portretul meu ce însuma viața

... cu tine

Mă privește înțelegător acuma,

Însă ieri mă privea de undeva de sus

... teribil

Ca și cum trebuia să-mi asum o judecată capitală

Și repede...

Cum că nu mai răspundem la aceeași chemare!

Însă în râul meu

Apele trec și pietrele rămân

Și, cernut fin, timpul se sedimentează și el

În flori de nufăr, pe margine de râu

Și primăvara își face loc.

Tu, Kamadeva, n-ar trebui să joci

Ca un copil crud, aruncând săgețile de foc

Ce rânduite erau

De soarele de sus,

De zeul nostru, Domnul Isus...

... Acum aș striga la tine

Un poem întreg,

Însă nu-mi mai împrumuți auzul

... Sinistrat de lungi tăceri

Din umbra-n care m-ai lăsat.

... Și azi certându-te pe tine

Mă cert eu pe mine-n gând,

Atât de fidelă a fost prietenia

Și-atât de prețioasă valoarea unui gând.

Paloare

S-a scurs galbenul din crini

Între foi, clasați și albi

Nu mai privesc panoramele

Din gradină la anini.

Fața palidă abea privește

În oglindă - ca o foaie

O iluzie ce până

Și oglinda o ignoră.

Numai o privighetoare

Cântă nestingherită

- O speranță, se-nfiripă -

Într-o cută... și tace.

Soarele petrece în cercuri de foc,

Limpede, cerul albastru oglindește noroc,

Dar în umbra casei, în oglindă,

Numai grijile paloarei fața-mi prinde.

Copila

Din albastrul cerului

A pornit o ploaie de nuci.

Copila se trezise și de mirare

Am pictat-o așa cum apărea:

Zâmbitoare, înconjurată de o ploaie de aur.

Abea se pornise primăvara:

Totul era nou și în creștere

Iarba, copila, poaia (de aur)

Și nucile zorzoneau în clinchete

De gângurit de bebeluș.

Imaginea astfel a stat un pic

Și a dispărut după un curcubeu

Unde toate făpturile zâmbeau:

Era doar la-nceputul vieții și

Abea venise primăvara.

Portret secolul 21

Am un certificat de naştere

În secolul 20

Şi am un certificat de renaştere,

Un paşaport

Pentru secolul 21

Pentru a fi una cu Lumea.

Computerul care-l am în faţă

Şi în măduva oaselor,

Mintea care îşi schimbă forma şi conţinutul

În ritmul bites-ilor

De memorie digitală,

Cerceii mei cu care ascult muzică...

Simt uneori cum îmi cresc aripile din nou pe umeri

(Uitate din timpurile anticilor greci)

Simt uneori cum sunt învăluită într-o peliculă digitală,

Mai dinamică,

Făcută pentru zbor,

Pentru un pas din ce în ce mai uşor.

Simt cum elementele pământului

Se recombină

Pentru a da o viaţă mai luminoasă

Şi mai fructuoasă în jur.

În aces timp, subconștientul nostru comun

Țese de zor noi imagini

Și realități în zbor.

Undele mele de comunicare

Vibrează în toate zările

Pe Internet,

Dau o parte din memoriile mele

Să mi le țină un Nor*,

Plutind în terminalele virtuale

De unde alte memorii

Pufăiesc spre mine ușor.

Energy drinks

Clean energies

Parapantes

I-Pads, eter

Group talks

Conferințe de group

Communauto

Bixi,

Dippers, ocean

Man and Woman

Guverne, sateliți

IHA, Namaste, Hello, Salut!

Contact me A.S.A.P. lol!   Notă: Nor = SoundCloud

Spadasinul

Unduios, încordat,

Țintește și... a ochit

Un... corcoduș!

C-o nuia de alun

Bine desenată în raccouci

Acum c-o corcodușă-n vârf.

Cu un zâmbet de alint,

Unduios, încordat

Aruncă pe gât corcodușa

Și Hap!

Unduios, încordat,

Acum datoria și-a terminat.

Portretul mamei

Te-am urmat pe toate meleagurile

Unde pașii te-au purtat,

Spania cu turnurile lui Gaudi,

Cu grădini de flamingos și balene orca,

Italia unde crinii familiei De Medici

Se înclină grațios după soare,

Grecia unde perlele zăceau neculese

Pe plajă și făceai poze printre colonade,

Belgia, cu târguri de mărunțișuri

Și neînțelese Madonne,

Praga, unde cetatea veche se reflectă

În Vâltava și alene trec vapoare.

România cu Atheneul Român

Și iz de București cu duminici

De plimbat prin târg,

America, cu mall-uri imense

Obezi și mâncare, New Orleans

Și ochelari de soare.

Dar nu te vedeam, doar ne scriam cărți poștale.

Până într-o zi când

Am cumpărat o felie de copac

Și te-am pictat

Cu zâmbetul tău senin

Care a văzut toată lumea

Și care stă acum pe cămin,

Care înțeleg că zâmbește

La fel pentru mine, un copil,

Ca pentru toate minunile lumii!

Poeme în limba franceza

Poèmes en français

Photo du Spectacle d`Images de Femmes 4 Mars 2012

Depuis cinq ans je participe à « Images de Femmes », un événement célébrant la Journée Internationale de la Femme. Peinture, sculpture, photographie, art numérique, vidéo, sérigraphie, tissage et poésie regroupent une cinquantaine de femmes de Montréal. Cet événement est un promoteur de talents locaux.

Le printemps

Nos printemps de l'esprit

Sont transfigurés en Arbre-Vie et

Des vieux et jeunes

Tous les enfants de l'homme.

Les vêtements de la Nature

Cerisier-rose, hyacinthe-blanc

Brun d'écorce

Se retrouvent sur nos joues et notre peau,

Le Soleil éclate avec ses brillances

Le Monde en bas sur la Terre et en haut.

On retrouve dans les bourgognes

Une promesse d'antan

Que Dieu nous a dit à l'oreille

Avant de nous réveiller dans notre réalité :

La Vie est un rêve que je fais.

Printemps à Côtes-des-Neiges

Délicat, vaporeux

L`esprit de ce pluvieux printemps

Des mères avec des enfants

Responsabilité

Délicat, vaporeux

Ineffable, intouchable

Monotone-aide à intérioriser

Tout ce Monde

Dans une goutte d`eau,

Voir sur une autre échelle :

Dans la boule d`ozone qui pleut.

Côtes-des-Neiges, Mai 2011

Poème en Duéte

Camille est une bonne amie. Ensembles, nous parcourons parfois les rues de Montréal et entre une exposion, un film ou un diner, on fait beaucoup de blagues et de commentaires sur tout ce qu'on voit autour de nous. Elle est la plus imaginative et trouve dans les plus simples détails une chose inédite, amusante. Alors ce jour-là, elle portait beaucoup de sacs, peut-être cinq ou six différents. Elle n'arrêtait pas de tourner sur elle-même et de rigoler sur ses sacs qui étaient lourds, incommodes, et elle s'est dit à un moment donné: « Je suis un arbre à sacs ! » Quelques jours plus tard elle m'a téléphoné pour me dire qu'elle a écrit le poème « Camille L' Arbre à Sacs ». Elle m'a aussi demandé d'écrire un poème sans avoir vu le sien, pour ensuite les comparer. Voici le résultat.

Camille Fournier, 20 février 2012

L`Arbre à sacs

Je connais une personne

droite comme un «I»

voutée comme un «P»

avec le plus souvent

un sac dans le dos

un «D» en fait,

comme dans «dromadaire»

et sac à dos

Elle est jolie

elle est ridée

en fait elle à l`air d`une ado

et le plus souvent

elle porte plein de sacs

dans les bras

avec souvent un en couleurs

pour la rigolade

et elle tourne et elle

danse sur elle-même

- surtout quand vient

Un autobus

Ce qui n`est pas fréquent

- on est à Montréal

....

Et elle tourne et elle danse

Mais elle se tient droite.

Elle est courageuse

Et vigoureuse

Et forte comme un arbre.

En fait, c`est un arbre à sacs.

Et c`est mon amie.

Mais à Noel, c`est un

sapin haut en couleurs

Et plein de lumières.

Camille Fournier, 20 février 2012

Camille - Arbre à sacs

Camille-Arbre à sacs d`une journée

Trainne des sacs et sacoches sur les rues

(de Montréal)

Les oiseaux s`approchent comme pour essayer

Si c`est un arbre vrai.

Errante, ses pieds ne font pas de bruit,

Mais ses sacoches clignotent très fort aussi

Fermoirs, pochettes, bris-bris,

Les 5 à 6 sacs se mêlent

Dans les rues, dans la foule

Sans donner mille excuses.

Que le printemps arrive!

Que ses sacs vont faire des fleurs et feuillètes

Suant dans la sève

Crayons, miroir, mouchette!

L`Ange de la Musique

Ça fait un an

Que je n`avais pas entendu

La voix d`un ange.

Il te parle à travers tous les sens;

Il te féconde avec sa voix.

Si nous faisons une harmonie

Avec nos petits moyens

L`Ange va jouer de sa lire

La Nature et les Hommes vont se réjouir.

Raccordez-vous aux signes du temps

N`ignorez même pas un vieux clochard

Ouvrez les yeux! Enlevez les œillères du cheval!

Marchez non plus avec les intérêts au nez

Vivez en premier la magie d`être en vie.

Avoir une marge de pureté

Émerveillant aux étoiles comme à la télé

Laissez une marge d`innocence

Aux liaisons que vous avez.

L`Ange de la Musique

Va vous surprendre

69

Dans des moments bienvenus et tendres;

Dans des moments plus difficiles aussi

Avec un soudain accord de la note *Si.*

Ça fait un an

Que je n`ai pas entendu

L`Ange de la Musique,

Il faut que vous m`aidiez

À le retrouver...

Peinture de Naomi Jacobson, ma meilleure élève de Peinture japonaise

Poisons

Un onduleux Yin et Yang

Tracé sur papier de riz

- Des fois juste le geste fait la composition,

Juste quelques pinceaux de gris.

À la cérémonie du thé
J'invite mes amis,
Droite je sers le thé,
Mais mes amis ne sont plus ici!

À leur mémoire je sers le thé
Entourée de mes compositions:
Des émotions, des arrangements,
Tout le labyrinthe de mon subconscient...

...Pour les avoir avec moi un jour, pas loin.

L'Océan va leurs transmettre
Mes meilleurs vœux et lettres...
(A.M.I.)

POST VAL DAVID

Mai 2012

Îmblânzirea naturii

Aş vrea să mă prinzi din alunecare

În peisajul verde cu vânt

Când mintea mea glisează din basme

Într-un teren safari

Cu frunze sălbatec dansând.

Când terenul nesfârșit al închipuirii

Devine un orizont strâmt

Percutând înstrăinat lumea

Care dansează în juru-mi

Sălbatec ca pe un alt pământ,

Te chem în gând

Pentru a mă prinde de mijloc

Și a mă face să plec mai departe cântând,

Să-mi spui iarăși că lumea e rotundă

Și că tot ce-am închipuit în vis

Se-ntinde aievea și sub pasul meu

Așteptând calm ca drumul să-l reiau.

Tot ce-am descris - eu poate râdeam și glumeam -

Spune! Era și desenul pe care tu îl schițai

Doar pentru a ne-ntâlni

Sub eclipsa de soare

Sub acest «ring of fire»

Pentru a ne lăsa furați

De-a lumii splendoare?

21 mai 2012

Reflecția ta

Reflecţia unui gând

În cristalul adânc al timpului,

Zbătând în tâmple un fluture

Ce-nvaţă să zboare către soare,

Oprit la timp de oglinda concavă care

Este ochiul meu - şi te privesc

Şi-ţi spun: «În mine să-ţi depui

Fluturii dorinţei arzătoare,

Eu pavăză fiind

Înainte ca zborul lor

Să devină scrum,

În zborul lor apropriindu-se de soare.»

Verdele ierbii tăcute

Pe tăişul foşnitor al clipelor neştiute

În sufletul meu se naşte

Devenind umbra ta...

Răcoarea stelelor,

Paharul de apă,

După fuga ta înverşunată.

Mai presus decât mine

Pentru cei ce au trecut

În chipul tăcut de lut

Petrecuți de florile care

Odată le ofereau la trecătoare,

Ce cresc acum stingherite sprâncene

La palide inele îngropate cu ele,

În tihnit repaus

Mă închin la icoană-Sfânta

Maria căreia îmi închin ființa

Întru lumină.

Departe în adâncuri

Visceral viața cântă

Oracolele misterelor ei,

Mă rog ție la icoane

Pentru cei ce nu mai vin.

Și parcă văd un înger

Cum se-așează lin pe-o rană:

«Nimic nu e pierdut

Sînt clipa de-nceput!»

Sterilitatea unor poeți

Cuvintele cuminți

Ce fel de foc le-a așternut?

Ce fel de foame le-a știut?

Sapientus, sapiens-sapiens,

Stau pe pământ de câteva milioane de ani

Și n-am privit mai atent

Cum se naște pânza de cuvinte

Cu grijă așternută.

Contemplu cuvintele născute

Din aburul timpului

Ca din gura unui bebeluș

Ce articulează cu putere

Primele sunete.

Dar copilul minunat - poetul ce n-a văzut cuvintele

Născându-se decât din miezurile

Ființelor aproape străvezii ale muzelor,

Stă învăluit de zumzetul articulațiilor

Bilioanelor de oameni

Și copleșit,

Nu poate pronunța decât un salut scâncit,

Ca o pasăre ce se așează pe o ramură

Pentru o secundă, salută

Și se-ntoarce la cer

Zbătându-se mut.

Poetul ce nu-și cunoaște muza,

O urmează numai când

Ploaia de aur îl înconjoară

Și-i fertilizează miezurile.

Astfel el nu cunoaște starea de mijloc

A dansurilor agile

Care nasc poezie

În cele patru orizonturi

Ce poartă hramul lumii

Hărțuite și de rău și de bine,

El ascultă doar o muză

Învăluit de ploaia aurie

Ce-l lasă însetat, de fapt,

De o adevărată trăire.

Nu întrerupe ploaia

Nu întrerupe tăcerea lacustră

Cu picuri de ploaie bătând în obloane,

Vremea mă-nvață cum din suspinat

Să mă opresc, ca mâine să pornesc

Vetust, spre altă zare.

Intermitențe, intersecții de sentințe

Căzând în lacul ce s-a-ntins

Alin, în urma-mi, vindecând durerea;

Azi stau, suspin, atât de plin

De ceasul în care a zvâcnit plecarea ta.

Ieri, în ninsori de plop

Urmam în vis același ceas,

Dar ce e ieri, când chiar și timpul

E un alergător poznaș!

Nu întrerupe tăcerea lacustră,

Picuri pe gând încet se-nfiltrează,

Amarul se decolorează...

Puterea-ți robustă se camuflează

Într-o rugăciune cu mătăniile

Transparente de ploaie

Ce-mi curg din palme.

Cugetul meu e un Buddha de lemn

Pe care apa curge şiroaie,

Din streaşina casei, toc-toc,

Cântă Sfinţii călăuziţi de ploaie.

Singur

O veșnicie trece neculeasă

Pe minutarele cu spor

Ești singur - nu poți prinde

Singur clipa - rămâne ne-nțeleasă,

Pendulând de minutarele ce dor,

Și de minutele ce mor.

«În doi, oglinda ceasului reflectă

Un alt timp - Al zborului nostru

În cer până la nori.

Deci, vino! Împreună vom petrece timpul

Până în pajiștile norilor scăldați în mii de culori.»

Te-aștept, te caut

Ca să mă eliberezi din strâmtul loc

Fără ecou

În care ceasul bate ritmul monoton...

Dedicație

Stabilopozi pe care vântul, marea

Decolorează-ncet, însă nu-i doare,

Așa și gândul către tine

Statornic, însă din ce în ce mai palid

Pâlpâie în asfințit ducând chemarea.

De ce n-ai venit astăzi

Când insula noastră

Se contopește cu țărmul

Și pași necunoscuți scrutează azi sălbăticia

Care o dată însemna Pământul Sfânt, Vecia.

Sărate buzele idolilor de piatră

Din insula noastră

Ce încă duc pe picioare

Carafe unduitoare de apă

În arșița verii,

Arzând foc în brațele de piatră.

Idoli umani și caști, însă cât de departe

De o mână de gloată,

Cât de departe de a-și răcorii

Și ei gura, mușcând din fructele

Ce-anină închise

În grădinile tainice ale iubirii tale.

Marea adoarme, o briză caldă

Mă răstoarnă pe cealaltă parte molcolmă,

Am visat c-am strigat către cer, către tine,

Prin cornul alungit de la gură

Până la Dumnezeu, acum în nocturnă,

Acum în nocturnă...

Despre inconsistența lumii fenomenale

Închipuirea toată a adunat

Pentru a-nfrăți gândul și lumina

Cu ființa și tina.

Acord înalt, înfiripat vibrând până în pântec

Unde cu dor e legănat

Omul de strămoșul cântec.

Om, Om, Om - Universul

Nu-i decât un pom,

Om, om, om - puiul de Om.

În Tibet călugării se roagă

Cântul Om zarea racordează,

Clopotul urcă și coboară

Cântecul se unește cu cosmosul și zboară.

Om, Om, Om - Universul

Nu-i decât un pom,

Om, Om, Om - puiul de Om.

În colțul de lume în care te-ai afla

Om, Om, Om - ascultă muzica

Fie ea zgomotul șinelor, mașinilor,

Copiilor, vociferările tunetelor.

Și fi ca ea, Om, Om, Om

Și vei sădi

Semințe de stea.

Despre neînțelegeri

Cum de nu-i pot ține

Pe toți împreună?

În inima mea fiecare din ei are un loc.

Însă ei, privindu-se prin mine,

Ar vrea să se rupă între ei!

Pricina: trecutul,

Însă eu m-am născut mai târziu

Când nu era începutul.

Am adus o creangă de măslin

Din gradină

Și le-am pus-o de cină.

Ei au privit-o,

Au mirosit-o,

Au pipăit-o

Și au fotografiat-o

Pentru pagina principală:

Farfuria a rămas... goală!

I-am dus în grădină

Și le-am arătat copacul.

În colț o fetiță ținea o crenguță de măslin.

Ei au privit-o

Au mirosit-o

Au pipăit-o

Și au fotografiat-o

Pentru a doua pagină.

Și grădina a rămas... goală!

Concluzia mea:

Nu le mai da?

Nu le mai arăta?

Totul e atât de transparent în inima mea

Încât când vine un fluture mai mare

El devine inima mea.

Și când vin oamenii să se certe în inima mea

Inima mea flutură

În gradina mea,

Numai a mea

Și dispare.

Însă, departe de a fi lăsată pustie

Inima mea îmi spune secretele doar mie:

(*Epilog*)

Eu sunt una cu fluturele acesta mare

Care zboară din floare în floare.

Aș vrea ca suculentele lor

Să le-nfrățesc în inima mea

Și astfel să-i port pe toți

Spre aceeași stea.

(Fără a-mi uita grădina

Și copilăria mea.)

Grație

Sunt poate o paiață

În ochii tăi,

Altfel de ce m-aş prinde

În jocul ce se desprinde

Din pletele văzduhului - ntâmplat

Fără de minte?

Eu sunt o lebădă

Ce gâtul îşi întinde

Grația ta în mine să pătrundă

Şi din arpegii luminoase

Deodată cade-o notă joasă-dezacord,

Parcă din alta lume, alt orizont.

Ori, frumusețea nu-i decât desertul

Al unei mese grele ce-ți serveşte viața,

La ce mai foloseşte oare,

Cand lumea e sătulă?

Parcă-ar fi scris să dau cu brațele deschise

Fericirea ce mă cuprinde

Unor firi altfel ticluite

Ce nu văd bine aripa

Ce mă susține!

Știu, mă pedepsești, e foarte omenesc:

Din pământ ochii să nu dezlipesc.

Grația nu-i decât reversul

Nopților nedormite, lungi,

În care chemi pe Dumnezeu

Și nu știi când el vine.

La răscruce de vânturi

Vântul schimbă foşnitoarele cărări

Rămânând în urma lui numai dunga galbenă -

- Atârnând, o frunză

Din alt anotimp care aleargă în vânt.

Apoi iarăşi suflă necontenit,

Numai eu stau

Ca şi cum n-aş fi zburat vreodată;

Nu mă prinde el

Să zburăm prin nori ca altădată.

Nici măcar gândul meu

Nu se clinteşte din loc.

Dens ca noaptea

Pregăteşte prin repaus un nou început.

Pe nesimţite se vor deschide cărări,

Cum stau eu, parcă, la răscruce.

Fără gânduri, fără zbor,

Ca un fruct căzut şi neculegs,

Nemişcat, cu miezul dulce.

Lumina soarelui creează

Vaduri largi de oaze

Cu miraje culese din alte orașe,

Sau poate din Rai,

Stratificate iluzii planând

Peste caldarâmul vechi și cunoscut.

Oare vantul le-a adus?

Eu stau nemișcată,

Nici visarea nu mă cată.

Poate sunt măr, poate sunt pară,

Nimeni și nimic nu vine iară.

Vârstele

Şi am crescut, Doamne, am crescut

Ca din miezul nucii

Să crească un alt nuc.

Astfel văd acum, cum copilăria a gonit

Printre alţi ani, bătută de ramuri ce duc

Alte miezuri şi flori rare,

Iar eu gonesc mai departe,

Din miezuri răsar alte miezuri.

Numai ramurile grele

Să nu-mi încetinească goana.

Astfel, eu duc cu mine copilaria

Printre anotimpuri,

Crescând din miezul nucii

Un alt nuc,

Pentru care vine iarăşi primăvara.

CUPRINSUL

Cuvântul autoarei   3

ANOTIMPURI   5

Comemorând un dud   6
Baladă timpurie   9
Grație de primăvară   11
Zeița primăverii de acum   12
Vară indiană   14
Rugă de frunze   15
Haloween   16
Toamnă târzie   18
Grădina de iarnă   20

MEDITATIE   22

Momentul   23
Realitatea întrece Imaginația   25
Din serenitatea pietrelor   26
Meditație   27
Antique special   29
Cristal albastru   30
Bouddha   32
Cocostârcul   34
Peisaj japonez   36
Cascade   38
Holograma viselor   40
Vis   41
Respirație   42
Pământul Făgăduinței   44

PORTRETE   46

Portretul meu din "Ninety-nine"   47
Paloare   49
Copila   50
Portret secolul 21   52
Spadasinul   55
Portretul mamei   56

Poeme în limba franceza
Poèmes en français   59

Le printemps   60
Printemps à Côtes-des-Neiges   62
Poème en Duéte   63
L`Arbre à sacs   65
Camille - Arbre à sacs   67
L`Ange de la Musique   68
Poisons   71

POST VAL DAVID   73

Îmblânzirea naturii   74
Reflecția ta   76
Mai presus decât mine   78
Sterilitatea unor poeți   79
Nu întrerupe ploaia   81
Singur   83
Dedicație   85
Despre inconsistența lumii fenomenale   87
Despre neînțelegeri   89
Grație   92
La răscruce de vânturi   94
Vârstele   96

Cuprinsul   97
Lista de ilustrații   99

Lista de ilustrații / La table d'illustrations

Comemorând un dud / *Commemorand un mûrier*   6

Zeița primăverii de acum / *La déesse du printemps, maintenant*   12

Haloween (*Autoportrait Indienne*)   16

Gradina de iarnă / *Le Jardin d'Hiver*   20

Cristal Albastru / *Cristal Bleu*   30

Buda / *Bouddha*   32

Cocostârcul / *Le Heron*   34

Peisaj japonez / *Paysage Japonais*   36

Cascade / *Chutes*   38

Pământul Făgăduinței / *La Terre Promise*   44

Portretul meu din '99 / *Mon portrait du '99*   47

Copila / *La fillette*   50

Portret secolul 21 / *Le portrait du 21ème siècle*   52

Portretul mamei / *Le portrait de ma Mère*   56

Afișul spectacolului «Images de Femmes» /
     L'Affiche du spectacle «Images du Femmes»   59

Primăvara / *Le printemps*   60

Camille - Copacul din saci / *Camille-Arbre à sacs*   64

Îngerul Muzicii / *L'Ange de la Musique*   68

Pești / *Poisons*   71

Îmblânzirea naturii /
     La domestication de la nature (Photo de L'Arbre à 3010 Goyer)   74

Reflecția ta / *Ta reflection (Photo de la pelouse à 3010 Goyer)*   76

Iepurașul de pe cer / *Le lapin du ciel*   83

Reflection Publishing
P.O. Box 2182
Citrus Heights, California 95611-2182
email: info@reflectionbooks.com
Tel/mesaje: (916) 604-6707
www.reflectionbooks.com

www.ingramcontent.com/pod-product-compliance
Lightning Source LLC
Chambersburg PA
CBHW050355100426
42739CB00015BB/3403